COUP D'ŒIL

SUR

LES TRAVAUX DE LA SESSION

DE 1832.

IMPRIMERIE DE E. DUVERGER,
rue de Verneuil, n. 4.

COUP D'ŒIL

SUR LES TRAVAUX

DE LA

SESSION DE 1832,

SUIVI DE

QUELQUES RÉFLEXIONS POLITIQUES,

PAR ********

PARIS.

JANET ET COTELLE, LIBRAIRES,

RUE SAINT-HONORÉ N° 123, HÔTEL D'ALIGRE.

Novembre 1832.

INTRODUCTION.

La session de 1832 va s'ouvrir. Le pays attend impatiemment et plein de confiance le résultat des délibérations de nos législateurs. Déjà en 1830 et en 1831 les chambres ont accompli une partie des devoirs que la Charte leur avait imposés; des lois de haut intérêt ont été votées : elles ont satisfait en grande partie la majorité de la nation. Ces lois étaient urgentes, elles étaient indispensables pour mettre notre législation politique en harmonie avec les idées actuelles, avec les idées que la restauration a comprimées pendant seize années, et que notre glorieuse révolution a développées dans tous les esprits vraiment français.

Les lois les plus importantes qui restent à faire sont d'une nécessité non moins grande par les résultats qu'elles doivent avoir sur le bien-être de la nation. Ces lois, selon nous, sont celles qui doivent régir :

1° L'enseignement en général;

2° L'instruction primaire spécialement;

3° L'organisation des conseils-généraux d'arrondissement et de département;

4° Les attributions de ces divers conseils;

5° Celles des conseils municipaux;

6° L'expropriation pour cause d'utilité publique en matière de routes, chemins et canaux;

7° Et les chemins vicinaux.

Qui n'est frappé des immenses résultats que peuvent avoir toutes ces lois sur notre civilisation, nos mœurs et notre industrie? aussi, combien de méditations, de soins il faut apporter à leurs délibérations!

Nous sommes certainement bien convaincus d'avance des bonnes intentions de nos législateurs, du désir qu'ils apporteront de faire bien; mais malheureusement l'expérience du passé nous porte à craindre de voir encore quelques orateurs consumer une partie du temps de la session en récriminations et en discours empreints d'une violence fâcheuse. Nous souhaitons bien vivement nous tromper dans nos prévisions, et ne pas voir nos craintes se réaliser : ce serait un grand bonheur pour le pays qui attend avec impatience le complément de ses institutions.

L'espoir d'être utile nous a fait entreprendre, sur les lois dont nous venons de parler, un travail que nous soumettons au public avec confiance parce qu'il est consciencieux. Heureux s'il reçoit l'approbation des hommes éclairés dont nous ambitionnons les suffrages !

COUP D'ŒIL

SUR LES TRAVAUX

DE

LA SESSION DE 1832.

CHAPITRE I.

De l'enseignement en général.

L'instruction est un besoin de notre époque; elle tend à s'améliorer. Beaucoup de moyens ont été proposés pour nous faire sortir de la routine où on nous a laissé croupir si long-temps, mais les efforts ont dû être impuissans, parce que l'unité de principes manquait et que l'on a craint, en suivant des erremens nouveaux, de passer à côté du but que l'on voulait atteindre.

Deux choses principales sont à considérer dans ce qui a rapport à l'enseignement; l'une est relative aux lois qui régissent l'Université, l'autre au mode d'instruction que l'on donne à la jeunesse.

Le décret du 17 mars 1808 est celui qui crée et organise le corps universitaire, il est empreint du despotisme impérial et confère au grand-maître un pouvoir trop absolu sur tous les membres de l'Université. Cependant on ne peut nier qu'il ait rendu de grands services à l'enseignement qui était tombé dans un chaos terrible, suite inévitable de l'anarchie à travers laquelle la France venait de passer.

Depuis cette époque d'autres décrets sont venus modifier le premier. La restauration, qui ne pouvait porter des habits à la taille de Napoléon, a rapetissé tout ce que ce dernier avait fait. De là s'est suivi un dédale d'autant plus fâcheux qu'il peut donner lieu à l'arbitraire, et apporter encore des entraves aux développemens que l'enseignement réclame. D'ailleurs les lois doivent suivre la progression des lumières, et on ne peut se dissimuler que beaucoup de dispositions de tous ces décrets sont aujourd'hui bien surannées.

Nous réclamons donc pour l'enseignement une loi qui ne soit pas en désaccord avec nos idées, qui, à côté du bien que peuvent procurer les colléges royaux, laisse aux institutions particulières la faculté de prendre un développement convenable; une loi qui crée une surveillance salutaire et non une inquisition tyrannique. Éviter le despotisme et la licence, voilà le but que l'on doit se proposer.

Venons à ce qui est relatif aux matières qui forment l'objet de l'enseignement. Il y a là un vice radical qui arrête les progrès de l'instruction de la jeunesse. Jusqu'à ce jour les enfans ont consumé dix années à l'étude unique des langues anciennes. Un élève sort à dix-huit ans du collége, traduisant passablement Virgile, Horace, Homère; il écrit le français avec assez de correction, sans même posséder à fond les principes de la grammaire; là se borne toute son éducation, il ne sait rien au-delà. Demandez à un bon réthoricien la solution de quelque problème, adressez-lui les questions de chimie et de physique les plus simples, il sera incapable de vous répondre, il est resté étranger à l'étude de toutes les sciences spéciales; à peine a-t-il reçu quelques notions de géographie.

Quant à l'histoire, il ne connaît que celle qu'il a retenue en traduisant Tacite, Tite-Live ou les Commentaires de César; celle de son pays lui est tout-à-fait étrangère. L'homme élevé ainsi est incapable de rendre aucun service à la société.

Il est impossible qu'un état de choses semblable soit continué; il est contraire au développement intellectuel que comporte notre siècle. Nous savons parfaitement que le génie prendra toujours son essor, quel que soit le mode d'éducation employé; mais ce ne sont pas les hommes de génie qui sont le plus utiles aux nations, mais les hommes instruits qui répandent la lumière sur toutes les branches d'industrie et augmentent le bien-être des masses. L'homme de génie brille sur son siècle, l'homme instruit l'éclaire. Nous ne cesserons donc de répéter qu'il est urgent d'apporter de grandes modifications aux lois sur l'enseignement et modifier notre méthode si nous voulons léguer à l'avenir des hommes véritablement instruits.

CHAPITRE II.

De l'instruction primaire.

Nous venons de parler de l'enseignement en général et des moyens propres à l'améliorer, mais notre tâche serait loin d'être complète si nous négligions de nous occuper de l'instruction primaire et de joindre nos efforts à ceux que l'on fait chaque jour sur tous les points de la France pour lui donner plus de développemens et la faire pénétrer jusqu'aux dernières classes de la société.

Nous voyons avec plaisir le gouvernement seconder cet

élan; il a fait soumettre, par l'organe des académies, aux comités cantonnaux d'instruction primaire, une série de questions que nous avons eues sous les yeux, et qui présentent des problèmes que nous regardons comme extrêmement délicats à résoudre; leur solution est de nature à porter un jour immense sur la discussion qui aura lieu aux chambres.

Les hommes appelés à apporter les plus grandes lumières sur ce sujet sont ceux qui se trouvent le plus habituellement en contact avec les habitans des campagnes; ils connaissent leurs habitudes, leurs mœurs, leur genre de vie, et par conséquent ils sont plus à même de donner de sages avis et de contribuer à la confection d'une bonne loi sur l'instruction primaire.

Voulez-vous que le peuple soit bon ? éclairez-le. Quand il sera éclairé, il cessera de faire usage de ses passions, il sentira sa dignité, et pour se faire comprendre il ne substituera plus la force brutale à la patience de la raison. Mais pour que l'instruction produise cet effet, il faut, avant tout, sortir des voies anciennes, s'écarter de la routine et consulter les citoyens honorables qui ont fait de l'instruction primaire une étude de toute leur vie, et qu'anime un véritable amour du bien public.

Nous sommes tous d'accord qu'aucune classe de la société ne doit être privée du bénéfice de l'instruction, que tout doit tendre, au contraire, à la faire descendre jusqu'aux derniers échelons de l'ordre social ; c'est là, en effet, qu'elle devient une véritable nécessité, c'est là qu'on en recueillera les meilleurs fruits, puisque c'est là aussi que l'on trouve le plus de dépravation. C'est donc aux moyens d'arriver à un but aussi désirable que doivent tendre tous les efforts.

Dans les villes les chances de succès sont moins douteuses; mais dans les campagnes il nous semble que les difficultés à vaincre sont presque insurmontables. Nos appréhensions, à cet égard, sont malheureusement fondées sur l'expérience.

Voilà sur quoi nous basons notre opinion. Trois choses principales sont de nature à neutraliser les moyens d'action que l'on emploiera : la première est l'apathie naturelle aux hommes des campagnes pour l'instruction dont ils sentent d'autant moins la nécessité qu'eux-mêmes, privés de ses premiers élémens, pensent que pour vivre et travailler comme eux leurs enfans seront toujours assez instruits.

Vient ensuite l'intérêt, qui est encore un mobile non moins puissant. Un laboureur peu aisé a un enfant en âge de recevoir les premières notions d'instruction, mais il est capable de rendre des services dans la maison paternelle. Pendant que ses père et mère vont se livrer aux travaux de l'agriculture, il surveille des enfans d'un âge moins avancé, il soigne les animaux attachés à la culture, il est employé pendant l'été à des travaux proportionnés à son âge et à ses forces. Pour tirer de cet enfant tout le produit dont il est susceptible, on néglige son instruction, et à mesure qu'il avance eu âge, que ses forces augmentent, que la nature des services qu'il peut rendre devient plus importante, on recule davantage devant l'idée de se priver des bénéfices qu'il peut procurer, et tout cela est indépendant de l'économie que l'on a faite des mois d'école.

Le seul sacrifice que l'on consent à s'imposer, c'est de confier ses enfans à l'instituteur pendant quelques mois d'hiver où les travaux se trouvent suspendus et où les enfans cessent d'être utiles à leurs parens. C'est alors que se présente le troisième obstacle.

Il existe fort peu de communes en France dont la population agglomérée soit assez considérable pour alimenter d'élèves une école qui procure à l'instituteur les moyens de vivre dans une aisance convenable. Beaucoup, au contraire, sont formées de hameaux éloignés les uns des autres, et dont le chef-lieu seul possède un instituteur. D'autres communes ont une population tellement minime qu'elles sont dans l'impossibilité d'avoir une école, en sorte qu'elles sont obligées d'envoyer leurs enfans dans le pays le plus voisin, qui se trouve quelquefois à une distance assez considérable.

Tous ces faits présentent de graves inconvéniens dont voici le résultat. La plupart des enfans ne recevant d'instruction, comme nous l'avons dit plus haut, que durant quelques mois d'hiver, et pendant cette saison rigoureuse, les pluies, les froids excessifs obligeant les parens à retenir leurs enfans chez eux très fréquemment, les leçons ne sont plus reçues qu'à de longs intervalles, et par conséquent sans fruits, jusqu'au moment où arrive la saison des travaux des champs, pendant laquelle les enfans oublient le peu qu'ils avaient appris dans le cours de l'hiver. Ainsi se trouve perdu entièrement le bienfait de l'instruction.

Tels sont les obstacles que nous signalons et qu'il faut s'attacher à vaincre. Ils sont grands et de nature à exercer la sagacité des hommes les plus capables. Car, en admettant que la loi soit aussi parfaite que possible, qu'elle présente toutes les garanties désirables, que les instituteurs soient très instruits et animés d'un très grand zèle, ce ne sera pas assez, il faut encore que ceux pour lesquels on aura travaillé veuillent bien profiter des soins que l'on aura pris pour eux.

***

CHAPITRE III.

De l'organisation des conseils-généraux d'arrondissement et de département.

Pour suivre l'ordre que nous nous sommes tracé en commençant ce travail, nous allons nous occuper de l'organisation des conseils d'arrondissement et de département.

Déjà, au mois de septembre 1831, le ministre du commerce a présenté à la chambre des députés un projet de loi sur cet objet. Dans l'exposé des motifs de cette loi, le ministre a fait connaître que les bases sur lesquelles elle reposait étaient en grande partie celles adoptées en 1829 par la commission de la chambre des députés dont M. Sébastiani était le rapporteur.

Le projet de 1829 pouvait paraître suffisant et remplir le vœu de la nation à cette époque; mais une révolution, immense dans ses résultats et dans ses conséquences, nous sépare de ce qui existait alors. L'élargissement des bases de notre liberté, les modifications qu'a subies notre pacte social, commandent un système plus large; c'est ce que le ministère a senti, c'est ce que nous désirons nous-mêmes; arriver à cette fin sera le but constant de nos efforts.

Nous allons, dans la discussion, suivre un ordre qui contribuera à lui donner plus de clarté.

Section I. — Des conseils d'arrondissement.

La nécessité des conseils généraux est tellement sentie que nous nous abstiendrons de la soutenir; celle des conseils d'arrondissement est, au contraire, contestée par beaucoup d'hommes versés dans l'administration; il devient donc indispensable, avant de discuter les formes à établir pour l'élection de leurs membres, de faire sentir la nécessité de leur existence.

Voyons d'abord quelles sont les attributions que la loi du 28 pluviôse an VIII assigne à ces conseils.

Faire la répartition des contributions directes entre les communes de l'arrondissement; donner leur avis sur les demandes en décharge des villes, bourgs et villages; entendre les comptes que les sous-préfets rendent chaque année de l'emploi des centimes additionnels destinés aux dépenses des arrondissemens; exprimer leur opinion sur l'état et les besoins des arrondissemens.

Telles sont les attributions accordées aux conseils d'arrondissement. Lors même qu'elles seraient maintenues dans ces limites, la suppression de ces corps nous paraîtrait fâcheuse; aussi réclamons-nous avec force leur conservation, surtout maintenant qu'il est reconnu que les bases de leur institution peuvent être plus larges et leurs pouvoirs plus étendus.

Par leur position les conseils d'arrondissement sont appelés à rendre de grands services. Organes de localités restreintes, ils peuvent connaître à fond leurs besoins et faire dans leur intérêt ce que ne pourraient pas les conseils généraux qui se trouvent à un centre bien plus éloigné des extrémités et qui ont une mission beaucoup plus large. D'ailleurs la durée des sessions des conseils généraux n'est et ne peut être assez longue pour que, pendant leur durée, les affaires sur lesquelles ils ont à délibérer puissent être suffisamment approfondies. Les travaux préparatoires des conseils d'arrondissement doivent donc faciliter les jugemens que les conseils-généraux sont appelés à rendre sur les matières qui leur sont soumises.

Aujourd'hui que l'on est plus soigneux du bien-être des populations, que l'on s'occupe d'améliorer leur sort, que l'on sent les devoirs que l'on a à remplir envers elles, combien d'objets de véritable utilité qui avaient été négligés peuvent rentrer dans les attributions des conseils d'arrondissement? L'instruction primaire, les routes, les canaux, les chemins vicinaux, les écoles d'agriculture, les sur-impositions pour les travaux d'utilité locale; la surveillance des établissemens publics existant dans leur ressort. Tels sont en substance les objets sur lesquels ils peuvent être appelés à statuer soit définitivement soit comme comités consultatifs. Plus on agrandira le cercle de leurs attributions, plus ils se montreront soigneux de justifier la confiance qui leur aura été accordée par les électeurs, et plus ceux-ci apporteront de soins dans le choix des membres qu'ils auront à élire.

Les motifs que nous venons de donner semblent de nature à ne pas faire révoquer en doute les avantages que peuvent procurer les conseils d'arrondissement qui, par leur position, seront toujours les tuteurs naturels des communes et leurs médiateurs dans toutes les contestations qui pourront s'élever entre elles sur la répartition de certaines dépenses spéciales dont elles sont obligées de supporter conjointement les charges.

Section II. — Composition des conseils-généraux d'arrondissement et de département.

Nous venons de tenter d'établir l'urgence des conseils

d'arrondissement; il s'agit maintenant de déterminer le nombre de membres dont ils seront composés et de fixer en même temps celui des conseils-généraux. Ici il est facile de tomber dans deux excès opposés. En évitant l'inconvénient des réunions trop nombreuses, il faut échapper au danger d'une représentation trop parcimonieuse et au-dessous des besoins positifs des localités. Il s'agit donc de poser une limite.

Considérons d'abord que l'arrondissement communal est composé d'un certain nombre de cantons qui, sans avoir en général des intérêts opposés à ceux de leurs voisins, ont des besoins à eux propres. Ces motifs nous paraissent rendre nécessaire pour eux la présence dans le conseil d'un mandataire spécial qui soit chargé de défendre leurs droits et de les représenter d'une manière efficace. De là naît tout naturellement la nécessité d'introduire dans chaque conseil au moins autant de membres que l'arrondissement possède de cantons, sans que jamais le chiffre des membres puisse être moindre de celui fixé par la loi de l'an VIII.

On conçoit parfaitement qu'il serait impossible, pour les conseils généraux, de prendre la même base; ce serait dépasser les bornes raisonnables et aller au-delà des besoins réels. Il nous paraîtrait convenable de prendre pour base la moitié du total des conseils d'arrondissement, sans que, dans aucun cas, le maximum puisse dépasser trente-six et le minimum être au-dessous de dix-huit. Cette mesure laisserait une large proportion qui se réglerait sur la population de chaque département.

Avec des assemblées ainsi composées, résultat d'élections sagement combinées, toutes les localités de la France auraient auprès du gouvernement des organes spéciaux qui feraient entendre leurs vœux, connaître leurs besoins, et mettraient le pouvoir à même de remédier à ce que l'administration peut avoir de défectueux et de préjudiciable aux intérêts de tous.

Les conseils municipaux, d'arrondissement et de département une fois organisés, les intérêts matériels de la France se trouveraient confiés aux soins de plus de *cinq cent mille* mandataires choisis par un nombre d'électeurs qui dépasse *trois millions*.

Section III. — Nominations.

Pour ce qui est relatif aux nominations, divers points sont à examiner, savoir : Quels seront les électeurs? quels seront les éligibles? procédera-t-on par cantons ou par arrondissement? suivra-t-on pour les conseils-généraux la même marche que pour les conseils d'arrondissement?

§ 1. — Quels sont les électeurs?

Il nous semble, sur la première question, que la liste générale *du jury*, telle qu'elle se trouve composée aujourd'hui par suite de l'abaissement du cens électoral, doit fournir, dans presque tous les départemens, un nombre suffisant d'électeurs. Là se trouvent toutes les garanties de fortune et de capacité que l'on doit exiger dans le choix des membres de ces divers conseils. Déjà la plus grande partie des citoyens compris sur cette liste concourt à l'élection des députés. Certes un semblable choix demande autrement de réflexions que celui de quelques hommes dont la mission doit avoir des résultats d'un ordre bien inférieur. Nous avons entendu émettre l'opinion qu'il serait convenable de prendre pour base la liste de tous les conseillers municipaux des communes qui auraient formé la classe des électeurs, tandis que la liste générale du jury aurait été celle des éligibles. Cette idée est bonne, en ce sens qu'elle tend à conférer le droit d'élection à une plus grande masse de citoyens; mais elle présente de grands inconvéniens en rendant les colléges trop nombreux; ce qui d'une part augmente la difficulté de s'entendre sur les choix, et de l'autre laisse à l'intrigue de plus grands moyens de succès.

Nous sommes convaincus que tout le monde sera d'accord avec nous que la liste générale du jury doit être prise pour base des élections, en fixant néanmoins à soixante le minimum des électeurs de chaque collége.

§ ii. — Quels seront les éligibles ?

Sur cette deuxième question nous dirons que, bien que dans la loi des élections il ait été formé deux classes, l'une d'électeurs et l'autre d'éligibles, nous ne pensons pas qu'il soit nécessaire d'agir de même ici. On conçoit parfaitement les motifs d'une semblable distinction dans la loi électorale; les garanties qu'exigent les fonctions de député ont dû nécessiter cette mesure; tout l'ordre social est intéressé dans cette question. Il n'en est pas de même pour les fonctions de membres des conseils généraux et d'arrondissement; nous regardons au contraire, qu'il y aurait injustice à faire des restrictions dans la loi et à ne pas admettre à l'éligibilité tous les électeurs. En effet, il peut se rencontrer des localités dans lesquelles les capacités riches manquent totalement, ou se trouvent en si petit nombre que les choix soient illusoires, en ce sens que les votes devront se partager entre deux ou trois candidats seulement; alors on aura manqué le but de la loi, et quand une loi devient d'une application difficile elle est bientôt déconsidérée.

Il faut bien se pénétrer de l'esprit de la loi électorale; si elle a fixé un cens plus élevé pour les éligibles que pour les électeurs, elle a aussi donné une plus grande latitude pour les choix, puisqu'ils peuvent porter sur les éligibles de toute la France. Comme il ne s'agit, dans la loi qui nous occupe, que d'avoir des représentans pour une fraction de territoire et des intérêts entièrement étrangers à la politique générale et purement matériels, on ne peut prendre les mêmes bases.

§ iii. — Procédera-t-on par canton ou par arrondissement?

Quant à ce qui est relatif à cette question, il y a lieu, pour la résoudre, de distinguer la nature des élections.

Relativement aux membres des conseils d'arrondissement, sans aucun doute l'élection doit être cantonnale. Le canton a sa circonscription particulière, sa justice spéciale, ses bataillons de garde nationale, son comité d'instruction primaire, et, bien qu'il n'ait pas d'administration particulière, il peut avoir des intérêts qui lui soient propres. Il faut donc que le territoire de cette fraction d'arrondissement ait son mandataire, comme chaque arrondissement communal possède un député. Le conseiller ne représentera pas pour cela uniquement le canton qui l'aura nommé, mais bien l'arrondissement; seulement il sera plus à même que tout autre de faire valoir les droits de son canton et de les défendre lorsque ses intérêts pourront se trouver en opposition avec d'autres.

§ iv. — Comment pour les conseils-généraux?

A l'égard des membres des conseils-généraux la question n'est plus la même.

Nous avons établi que le nombre des membres appelés à les composer est moindre de moitié de celui total des conseillers d'arrondissement; il faut donc prendre un autre mode et réunir les cantons deux par deux pour les faire voter ensemble sur un seul candidat. La réunion au chef-lieu d'arrondissement présenterait des inconvéniens graves ; les électeurs, attachant moins d'importance à ces sortes de nominations qu'à celle d'un député, se rendraient en minorité aux assemblées, et les choix ne seraient plus l'expression du vœu général. C'est ce qu'il faut éviter avec soin quand on désire que les élus jouissent de la confiance de tous.

Section IV. — Du domicile.

Il est inutile de s'appesantir sur cette question, elle est trop simple pour former l'objet d'une longue discussion. Tout le monde sera d'accord que les membres des conseils-généraux doivent avoir, ainsi que ceux d'arrondissement, leur domicile *réel* ou *politique*, les premiers dans le département, et les autres dans l'arrondissement, sans restreindre les choix dans les circonscriptions cantonnales formant les colléges. On ne peut nier, qu'agir dans un sens plus limitatif serait nuire à la composition des conseils par suite de l'impossibilité où on pourrait se trouver, dans certains cantons, de rencontrer des hommes remplissant toutes les conditions qu'exigent de pareilles fonctions.

Nous nous dispenserons de nous livrer à l'examen de tout ce qui peut être relatif à la confection des listes, à la tenue des assemblées, etc. Ce sont de ces choses réglementaires qui ne présentent aucune difficulté, et auxquelles toutes les lois électorales faites jusqu'à ce jour peuvent servir de base et de modèle.

CHAPITRE IV.

Des attributions de ces divers conseils.

Le principe électoral une fois établi, nous sommes amenés tout naturellement à nous occuper des attributions, car il ne suffit pas de créer des juges, il faut leur donner à appliquer des lois qui aient une même origine que la leur, émanées des mêmes pouvoirs, dictées par les mêmes principes.

Jusqu'à ce jour, les conseils-généraux de département et d'arrondissement créés par la loi de l'an VIII ont dû se renfermer dans les pouvoirs qu'elle leur conférait. Les attributions de ces conseils sont utiles; mais elles sont loin d'avoir toute l'étendue que nous leur désirerions. Nous avons déjà fait connaître les pouvoirs des conseils d'arrondisement; voici ceux des conseils-généraux de département.

Ils s'assemblent chaque année à l'époque déterminée par le gouvernement pour faire la répartition des contributions directes entre les arrondissemens communaux du département; statuer sur les demandes en réduction faites par les conseils d'arrondissement, les villes, bourgs et villages; déterminer, dans les limites fixées par la loi le nombre de centimes additionnels dont l'imposition peut être demandée pour les dépenses de département; entendre le compte annuel que le préfet rend de l'emploi des centimes additionnels destinés à ces dépenses; exprimer son opinion sur l'état et les besoins du département et s'adresser au ministre de l'intérieur.

Comme on le voit, le conseil-général a des pouvoirs purement administratifs; il exerce, chaque année, après le vote du budget de l'Etat, les fonctions de répartiteur de département pour les contributions directes. Il devient ensuite contrôleur lorsqu'il entend le compte du préfet, puis ensuite comité consultatif quand il exprime son opinion sur l'état et les besoins du département. Une fois son travail terminé, le conseil d'arrondissement fait une sous-répartition entre les communes de l'arrondissement et devient à son tour contrôleur et comité consultatif dans l'étendue de son ressort.

En considérant le cercle des attributions de chacun de ces corps, on conçoit facilement qu'il y aurait impossibilité pour le conseil-général de remplir à lui seul toutes ces fonctions; il faudrait d'abord qu'il procédât en masse à la répartition des contributions entre chaque arrondissement communal, et qu'ensuite il se divisât en autant de sections qu'il y aurait d'arrondissemens dans le département pour faire la sous-répartition entre les diverses communes de ces circonscriptions. La même opération devrait avoir lieu pour les comptes des préfets et sous-préfets. Cette mesure aurait pour résultat d'obliger les sous-préfets à se rendre au chef-lieu de département lors de la discussion de leurs comptes pour faire entendre leurs motifs sur l'emploi des fonds de centimes additionnels qui leur auraient été confiés, ce qui entraînerait des longueurs et tendrait à entraver la marche de l'administration.

La partie administrative des conseils d'arrondissement et de département est simplement un travail d'ordre. Celle qui a pour objet l'expression des sentimens des conseils sur l'état et les besoins des départemens et des arrondissemens embrasse une foule de matières qui, toutes, sont d'un intérêt majeur et immédiat pour les localités.

Les conseils doivent, dans cette partie de leur travail, s'élever à des vues étendues et d'utilité publique qui tendent à l'amélioration de la prospérité générale. Rien alors ne leur devient étranger : l'instruction publique de tous les degrés, l'agriculture, le commerce, l'industrie générale, les chemins, les canaux, les routes de toute espèce, les forêts, les mines, les carrières, la navigation, les musées, les bibliothèques, les édifices publics, les théâtres, les prisons, les cultes ; ils doivent embrasser tout ce qui peut être susceptible de changement ou d'amélioration ; enfin ils ne doivent rien négliger de ce qui peut maintenir l'abondance, accroître l'instruction et l'industrie, vivifier le commerce, améliorer les mœurs, et augmenter le bien-être des populations et leurs lumières.

C'est en remplissant fidèlement ce mandat que les conseils pourront mettre le gouvernement à même de faire le bien et d'appliquer à chaque localité en particulier les moyens d'encouragement qui lui sont propres.

Outre ce que nous venons de dire, il existe encore un autre point extrêmement délicat, car il ne s'applique plus aux choses, mais bien aux hommes. Nous voulons parler du personnel de l'administration en général. Tel bien instruit que soit le gouvernement, il peut cependant être trompé sur le compte de ses agens ; avec le désir de faire bien il se trouve souvent paralysé dans ses efforts par le mauvais vouloir, l'impéritie ou la négligence de ses subordonnés. Il est donc du devoir des conseils de ne pas reculer devant un exposé sincère des faits, et de dire sur ce point toute la vérité. Nous sentons parfaitement que cette mission est pénible, qu'elle a quelque chose qui répugne à des hommes probes, que la seule apparence d'une dénonciation doit révolter ; mais à côté de la crainte de nuire aux intérêts d'un fonctionnaire qui remplit mal ses devoirs ou qui les trahit, il faut voir le danger qui peut résulter pour le pays du silence coupable que l'on aura gardé, et faire taire l'intérêt particulier quand le bien général commande. Si ce contrôle était exercé consciencieusement et partout, il aurait les conséquences les plus heureuses sur le personnel de l'administration, il serait un frein salutaire dont les résultats ne tarderaient pas à se faire sentir sur tous les points de la France.

Les conseils dont nous nous occupons sont loin d'avoir rendu, jusqu'à ce jour, les services que l'on devait en attendre. Il ne faut pas en accuser l'institution, mais leur origine. Depuis l'an VIII, date de leur création, ils ont toujours été les élus du pouvoir qui s'est montré constamment soigneux de choisir ses créatures, sans s'inquiéter s'il employait les hommes que le pays aurait désignés. L'empire les a trouvés soumis, la restauration les a choisis serviles. Le gouvernement de juillet s'est attaché, autant que possible, en les recomposant, à aller au-devant du vœu des populations ; nous devons rendre justice aux hommes qu'il y a appelés ; mais, quelque scrupuleux que soient les soins que l'on apportera dans leur composition, ils ne seront jamais complètement à même de faire le bien que comporte leur institution, tant qu'ils n'auront pas reçu le *baptême électoral*, s'il est permis de se servir d'une semblable expression.

Nécessairement, la loi à intervenir sur les attributions à conférer aux conseils-généraux de département et d'arrondissement se montrera plus large que celle de la république consulaire ; elle étendra leurs droits dans tout ce qui est relatif à l'emploi des fonds généraux votés par le budget de l'Etat et mis à la disposition des départemens pour l'instruction primaire, les primes à accorder au commerce, à l'industrie, à l'agriculture. Elle laissera aux conseils la plus grande latitude pour le budget relatif aux dépenses des centimes additionnels votés dans les limites tracées par la loi de finances, surtout pour la partie destinée à la création et à l'entretien dans le département des routes, chemins, canaux, écluses, digues, etc.

Avec de sages précautions les deniers des contribuables recevront toujours un emploi qui tournera au profit de la population; alors les impôts seront payés exactement et avec sécurité; chacun aura la certitude qu'ils ne seront employés qu'à des dépenses d'une utilité réelle votées et contrôlées par des hommes investis de la confiance du pays.

Les conseils-généraux d'arrondissement et de département pourraient être consultés avec fruit, dans l'intervalle des sessions, par le ministère, sur les lois que le gouvernement se proposerait de présenter aux chambres. Il suffirait pour cela de rédiger à l'avance une série de questions relatives aux lois à proposer dans la session suivante. Ces questions reposeraient sur les points principaux de difficultés qui pourraient s'élever sur les principes fondamentaux de ces lois.

Les réponses de ces corps seraient réunies par le ministère, qui y puiserait des matériaux précieux, et se présenterait aux chambres fort de l'opinion d'hommes éclairés, organes des électeurs. Ce mode éclairerait et simplifierait beaucoup les discussions, et déchargerait en même temps le ministère d'une grande responsabilité.

CHAPITRE V.

Des attributions des conseils municipaux.

Les attributions municipales ont été réglées par les lois des 14 décembre 1789, 24 août 1790, 22 juillet 1791 et 22 pluviôse an VIII. Dans chacune de ces lois elles ont subi des variations plus ou moins importantes. La loi de l'an VIII les définit ainsi :

Le conseil municipal de chaque ville, bourg ou autre lieu entendra et pourra débattre le compte des recettes et dépenses municipales qui sera rendu par le maire ou sous-préfet, lequel l'arrêtera définitivement; il réglera le partage des affouages, pâtures, récoltes et fruits communs; il réglera la répartition des travaux nécessaires à l'entretien et aux réparations des propriétés qui sont à la charge des habitans; il délibérera sur les besoins particuliers et locaux de la municipalité, sur les emprunts, sur les octrois ou contributions en centimes additionnels qui pourront être nécessaires pour subvenir à ces besoins; sur les procès qu'il conviendra d'intenter ou de soutenir pour l'exercice et la conservation des droits communs.

Telles sont les limites dans lesquelles se trouvent restreints les droits des communes pour tout ce qui est de la compétence des conseils; d'autres lois ont réglé les attributions des maires et adjoints, et leur ont conféré les divers pouvoirs qui leur sont nécessaires, tant comme officiers de l'état civil que comme officiers de police judiciaire, sans parler des moyens d'action qui leur sont accordés pour l'exécution des réglemens qu'ils sont autorisés à faire dans certaines circonstances.

La seule chose dont nous ayons à nous occuper est relative aux attributions des communes. Nous commencerons par dire que notre intention formelle est de demander pour ces conseils un peu plus de latitude dans la gestion des affaires de la commune, mais non pas un affranchissement total; nous avons des intentions trop franches et trop droites, nous aimons trop notre pays pour former d'autres vœux.

Une des conditions de la bonté de la loi qui nous occupe est que les législateurs appelés à la discuter se pénètrent bien de la position, non-seulement des villes à grandes populations, mais des petites villes, et surtout des villages, car c'est là que se présenteront les difficultés. Les influences locales, les coteries, les haines particulières, l'ignorance, entravent toutes les bonnes dispositions d'une loi.

Il faut que l'on se pénètre bien de l'idée que, si toutes les communes étaient entièrement livrées à elles-mêmes, il en résulterait en peu de temps un désordre dans l'administration dont la réparation ne pourrait avoir lieu qu'avec bien des peines; et peut-être le mal serait-il tellement grave que l'on se trouverait dans la nécessité de ramener les institutions sous la férule exclusive de l'autorité supérieure pendant un temps dont la durée ne saurait être prévue. Si, au contraire, on laissait encore les choses long-temps dans l'état où elles sont en ce moment, il y aurait nécessairement une perturbation fâcheuse pour les communes qui ne supportent patiemment la dépendance dans laquelle se trouvent les conseils municipaux que parce qu'elles voient leur affranchissement dans un avenir prochain.

Entre l'émancipation radicale et la continuation de l'ordre de choses qui nous régit, il est un point intermédiaire que l'on peut sans crainte prendre pour but et qu'il est dans la pensée du pouvoir d'atteindre et de saisir.

La différence qui doit exister entre les communes plus ou moins importantes nous semble une considération essentielle à faire valoir; leur fortune et leurs besoins sont si peu en rapport qu'une législation semblable pour toutes serait une anomalie monstrueuse. Les revenus et la population doivent donc servir de base dans la loi pour tracer entre elles une juste ligne de démarcation.

Dans les petites communes il faut que tout soit fait avec célérité; leurs demandes ont besoin d'être répondues promptement; vivant, pour ainsi dire, au jour le jour, employant leurs ressources au fur et à mesure, si elles votent une dépense, c'est qu'elle est commandée par la nécessité la plus impérieuse; faite à temps elle sera utile; si l'exécution est retardée, le but est manqué, l'objet n'est pas rempli. Un exemple prouvera la justesse de notre observation. *Sous la restauration*, une petite commune, faute de fonds, avait laissé dégrader son *église;* les dépenses étaient ajournées chaque année; cependant les réparations devenant excessivement urgentes, le conseil demanda l'autorisation de faire ce qui était absolument indispensable. Le sous-préfet réclama des pièces à l'appui de la demande; elles furent envoyées, de là transmises au préfet, qui apporta quelque retard; enfin l'autorisation arriva dans les bureaux de la sous-préfecture le jour où l'église venait de s'écrouler. Depuis elle a été reconstruite, et on a dépensé dix fois ce qu'il en aurait coûté pour la réparer convenablement.

Le sous-préfet doit, à notre avis, être le seul intermédiaire pour les petites communes; il connaît leurs besoins et se trouve plus à même d'apprécier l'opportunité de leurs réclamations. Cependant, comme dans certains cas elles pourraient être victimes de la négligence ou de la mauvaise volonté d'un administrateur, il est juste qu'elles puissent avoir recours au préfet quand elles le jugeront convenable.

La même chose ne peut avoir lieu pour les villes ayant un revenu important, une population considérable. Là, tous les besoins sont prévus, ou à peu près; les revenus font face à toutes les dépenses, et dans les communes bien administrées il existe toujours quelques fonds libres pour les dépenses que les circonstances peuvent rendre nécessaires dans le cours de l'année. Cependant nous pensons que les conseils sont trop gênés dans l'administration des revenus communaux. La loi, les instructions entravent la gestion des affaires des communes, leurs droits sont trop restreints. Il entrerait dans notre plan que les conseils municipaux eussent la liberté de disposer, sans recourir à une autorisation préalable, d'une certaine portion de leurs revenus fixes ou variables, qui serait employée aux dépenses que le budget n'aurait pas prévues, et de plus que le maire eût la faculté de faire également des dépenses pour des objets d'une valeur minime sans avoir besoin de l'autorité du conseil, sauf à lui à rendre compte exact et détaillé des sommes laissées à sa libre disposition, à chaque session du conseil, et à comprendre le tout dans son compte annuel.

Nous tenons à constater un fait sur lequel nous croyons devoir nous appesantir. La comptabilité, qui est parfaitement tenue en France dans les grandes administrations pour lesquelles on a le droit d'être rigoureux, est beau-. coup trop compliquée pour les communes et surtout pour les petites localités; elle demande des soins minutieux qui sont souvent hors de la portée des administrateurs. On ne s'identifie pas assez, dans les lois aussi bien que dans les instructions, avec les hommes auxquels elles sont destinées. Il serait pourtant essentiel de se rappeler que sur près de quarante mille communes dont se compose la France, trente-cinq mille au moins doivent être rangées dans la classe des communes rurales, puisqu'il y a moins de quatre cents chefs-lieux d'arrondissement et de deux mille cinq cents chefs-lieux de canton.

En résumé nous dirons que toutes les fois que les conseils municipaux sont appelés à dépenser leurs revenus fixes ou variables, il y a lieu de leur laisser beaucoup de latitude; ils ont des ressources, ils les épuisent; là ils doivent jouir de la plénitude de leurs droits. Mais quand il s'agit de faire des emprunts, d'aliéner des biens communaux, d'établir des octrois, de faire des constructions dispendieuses, l'autorité supérieure doit être consultée, parce que ces actes dépassent les limites de pure administration. La distinction que nous venons d'établir doit paraître sage à ceux qui, comme nous, réclament l'émancipation des communes et non un affranchissement total, une liberté illimitée.

CHAPITRE VI.

De l'expropriation pour cause d'utilité publique en matière de routes, chemins et canaux.

En travaillant à améliorer l'éducation on pense à l'avenir; en prenant des mesures tendantes à développer l'industrie, on se montre soigneux du présent.

Le moyen le plus sûr, le plus prompt et le plus urgent pour donner de l'essor à toutes les transactions commerciales est de multiplier, autant que possible, les communications et les débouchés. Pour cela la création de canaux, de routes en fer, la canalisation des rivières qui ne sont navigables que sur quelques points, sont le seul mode à employer, le seul efficace. C'est ainsi que l'on remédiera au malaise que nous éprouvons depuis long-temps, que l'on fera circuler les capitaux, et que l'on parviendra à procurer du travail aux classes pauvres et à niveler la valeur vénale des propriétés, des productions du sol et de celles de l'industrie.

Le territoire de la France est double de celui de l'Angleterre, et cependant, le fait est notoire, nous ne possédons pas moitié autant de routes; nos canaux sont dans une proportion bien inférieure; quant à nos chemins de fer, ils n'existent à peine qu'en projets. Malgré la multiplicité des moyens de communication en Angleterre, les canaux rapportent considérablement aux actionnaires; leurs capitaux sont aujourd'hui plus que quintuplés; nous citerous même le canal de Longhborough, dont les actions, d'une valeur primitive de 142 liv. st., sont aujourd'hui cotées, d'après les transactions de la bourse, à 2,200 liv. st., ce qui est une preuve irrécusable des bénéfices immenses que peut procurer ce genre de placement pour les capitaux, sans parler des avantages que le commerce en retire.

Maintenant nous demanderons d'où vient la différence qui existe entre la France et l'Angleterre? Elle tient à plusieurs causes. Jusqu'à la révolution la masse des Français, appesantie sous le joug de deux classes privilégiées, était pauvre et consumait ses efforts à se procurer les objets de première nécessité; les hommes possédant les grandes fortunes employaient leurs revenus à se procurer toutes les jouissances de la vie et gaspillaient leurs revenus plutôt qu'ils ne les dépensaient; ils auraient cru se déshonorer en plaçant leurs capitaux dans l'industrie, pour laquelle ils n'avaient que du mépris.

A peine la liberté eut-elle apparu parmi nous que les puissances étrangères, redoutant une ennemie aussi terrible pour leur repos, employèrent tous leurs efforts pour l'anéantir. La France alors dut songer à sa défense, à sa conservation, avant de penser à améliorer sa position industrielle. Vingt années de gloire et de conquêtes ont favorisé notre commerce avec les nations voisines, auxquelles nous imposions nos produits; mais le jour où, succombant sous l'Europe en masse, nous avons été forcés de rentrer dans les limites tracées par la sainte-alliance, l'industrie a reçu un coup terrible qui l'a ébranlée pour long-temps.

La restauration, plus soigneuse de ses intérêts que de ceux de la nation, redoutant l'influence des industriels qui se recommandaient à la nation autrement que ses créatures qui étaient à charge au peuple, a tout fait, pendant seize années, pour neutraliser les efforts de l'industrie et nous a laissés presque aussi peu avancés qu'elle nous avait trouvés.

Le rôle du gouvernement de juillet est tout autre. Débarrassé de l'influence de deux castes peu en harmonie avec notre ordre social, son intérêt est celui de tous, son existence s'assurera à mesure qu'il augmentera le bien-être des masses, et il ne parviendra à ce but qu'en accordant à l'industrie une protection efficace.

Nous avons dit que plus la France serait sillonnée de

routes et de canaux, plus son commerce prendrait d'extension, plus de bras seraient employés, par la raison toute simple que les communications étant plus faciles, plus rapides et moins dispendieuses, le prix des objets de première nécessité s'abaisserait, et par conséquent la consommation augmenterait dans une proportion que nous pourrions comparer à celle du carré des vitesses.

Pour parvenir à un but aussi désirable, la première condition est de faire une bonne loi sur l'expropriation des terrains à employer à la confection de canaux, de chemins et de routes en fer ; elle est réclamée avec instance ; sans elle toute entreprise de ce genre devient, sinon impossible, du moins d'une extrême difficulté. L'opiniâtreté et l'exigence des propriétaires de terrains que ces communications doivent parcourir, les dépenses qu'il faut faire pour les acquisitions, et qui doublent souvent les sommes sur lesquelles on avait compté, seront toujours un obstacle à de pareilles entreprises et au développement de ce moyen d'action pour l'industrie. Il faut donc, de toute nécessité, que la loi donne des moyens prompts pour les acquisitions des terrains, et que ces moyens soient en même temps équitables, car à côté du bien général il faut mettre l'intérêt de la propriété privée, qui est sacré et doit toujours être respecté.

Une fois la ligne d'un chemin ou d'un canal arrêtée définitivement, l'autorisation accordée, la concession faite, il est indispensable que les entrepreneurs puissent, dans un temps très court, et moyennant un prix fixé à l'amiable, à dire d'experts choisis par les parties et l'administration départementale ou des ponts-et-chaussées, devenir propriétaire de toute la ligne de terrain que les routes ou canaux doivent parcourir. Il faut de plus que les difficultés

qui pourraient s'élever entre les propriétaires et les con-
cessionnaires soient jugées sommairement et en dernier
ressort par le tribunal civil de la situation des biens formant l'objet de la contestation. Quant au paiement des
prix, ils doivent être effectués aussitôt la valeur établie, ou
au moins aussitôt après l'accomplissement de transcription
aux bureaux des hypothèques compétens et de purge lé-
gale sans inscription, sans qu'il soit besoin de s'écarter,
dans cette occasion, des règles du droit commun.

Nous terminerons en répétant une vérité que nous considérons comme incontestable, et que l'on doit constater
dans la loi, c'est que l'industrie particulière faisant mieux,
plus vite et à moins de frais, on doit, autant que possible,
lui laisser toutes les entreprises de routes et de canaux.
A côté des avantages que ce mode procurerait est celui
de ne pas gréver le budget de l'Etat de sommes immenses
qui sont nécessaires pour la confection de travaux aussi
importans, et de permettre aux capitalistes de faire de leurs
fonds un emploi utile pour eux et pour le pays.

CHAPITRE VII.

Des chemins vicinaux.

Après avoir parlé des grandes communications, nous
arrivons tout naturellement à nous occuper des chemins
vicinaux. L'intérêt général demande les canaux et les chemins de fer; l'intérêt local, l'industrie agricole ont besoin
des chemins vicinaux.

La législation sur ce point a bien des progrès à faire;
il faut remédier aux défectuosités que l'on y rencontre,
elles portent de trop grands préjudices à l'agriculture.

Jusqu'ici tout a été imperfection sur cette partie de l'administration. La loi la plus récente que nous ayons est du 28 juillet 1824 ; elle est si loin d'être parfaite que, déjà en la présentant à la chambre des pairs, après son adoption à la chambre des députés, le ministre de l'intérieur disait : « Cette loi *telle qu'elle est* peut satisfaire aux *nécessités* qui la réclament *autant que le permettent nos institutions.* »

Cette loi établit, pour la réparation des chemins vicinaux, en cas d'insuffisance des revenus communaux, la prestation en nature que les habitans des campagnes ne nomment jamais autrement que *corvée*, parce qu'elle a de l'analogie avec cette espèce d'impôt vexatoire auquel ils étaient soumis avant la révolution.

Au moyen de cet impôt en nature, chaque chef de famille, propriétaire, fermier, régisseur, etc., est tenu de deux journées de travail pour lui et pour chacun de ses fils et domestiques mâles, valides et âgés de vingt ans ; de plus, de deux journées de travail des chevaux, voitures, bêtes de somme, de trait, etc., employés à son service. Tout cela forme une masse de bras et de moyens d'exécution sur lesquels la commune se base pour déterminer la partie des chemins qui doit être réparée ; le maire est chargé de faire exécuter ces travaux.

Ce mode est peu profitable, parce que la prestation en nature est faite à contre-cœur, avec nonchalance ; les travaux sont mal exécutés à cause de la mauvaise direction qui leur est donnée. On veut faire chaque année une trop grande étendue de chemins, ce qui est cause qu'en peu de temps le travail se trouve détruit, parce qu'il est fait trop superficiellement. Il arrive presque toujours qu'à l'entrée de l'hiver le mal est aussi grand qu'il l'était auparavant.

Si on n'a pas parcouru les chemins vicinaux, surtout dans la mauvaise saison, on ne peut se faire une idée exacte de l'état pitoyable dans lequel ils se trouvent, et sentir tout le préjudice qui en résulte pour l'agriculture.

Nous demeurons bien convaincus que pour parer à ces inconvéniens, et arriver à un but utile, il est indispensable de faire de notables changemens à la loi de 1824, et surtout de modifier ce qui est relatif à la prestation en nature. Ne serait-il pas plus convenable, en effet, de taxer, comme le fait cette loi, tous les chefs de famille, propriétaires, fermiers, régisseurs, etc., à *tant* de journées de travail, et de les obliger de fournir pendant un temps donné les chevaux, voitures, bêtes de somme et de trait à leur usage, en faisant un *tarif* du prix de toutes ces prestations, qui serait arrêté en conseil municipal et soumis à l'approbation du sous-préfet?

Une fois ce tarif approuvé, le maire, assisté de trois membres du conseil municipal, dresserait un *rôle* indiquant le nombre de journées à fournir par chaque habitant, et de la somme qu'il devrait payer pour ces journées; ce rôle, arrêté ainsi, deviendrait exécutoire. Faculté serait accordée aux habitans de déclarer, dans un délai donné, s'ils sont dans l'intention de fournir la prestation en nature ou de payer la somme équivalente, supputée d'après le tarif; le délai une fois écoulé, ceux qui n'auraient pas fait de déclaration seraient censés vouloir se libérer en argent.

Par ce moyen, le maire connaîtrait les sommes dont il aurait la disposition et les bras qu'il pourrait employer; alors il serait plus facile de déterminer les travaux à exécuter, à quelles parties de chemins il serait fait des réparations, et de quelle nature seraient ces réparations.

En demandant à restreindre autant que possible l'impôt en nature, nous pensons agir sagement, car il est certain que l'homme qui travaille sans salaire travaille mal, et ne fait pas moitié autant d'ouvrage qu'il devrait en faire ; en sorte que le temps qu'il emploie est presque en pure perte pour la commune, dont les chemins sont loin de recevoir l'amélioration que l'on devrait attendre, en raison du nombre de personnes employées à leur réparation.

Nous proposerions encore, comme moyen d'arriver à une amélioration dans l'exécution des travaux, de créer par canton un certain nombre de surveillans ou *cantonniers*, dont les fonctions seraient de surveiller les travaux des chemins des communes, de tenir la comptabilité des journées, de diriger les ouvriers sur lesquels il aurait la police, et qu'il pourrait congédier s'ils ne remplissaient pas leur tâche ; il aurait de plus la mission d'accepter ou de refuser les matériaux destinés aux réparations.

Il est certain que l'on recueillerait en peu de temps le fruit du sacrifice que l'on serait obligé de faire pour indemniser ce conducteur de travaux ; le bon emploi des matériaux destinés aux réparations, le temps des ouvriers strictement employé seraient plus qu'une compensation.

Nous ne faisons ici que donner des indications vagues, laissant aux hommes plus versés que nous dans cette partie de l'approfondir ; elle est extrêmement grave, car elle est une des bases les plus essentielles de la prospérité de l'agriculture ; et quand on veut construire un édifice, le moyen d'en assurer la solidité est de le poser sur un terrain solide. C'est donc un devoir rigoureux imposé aux législateurs d'apporter les soins les plus scrupuleux aux changemens à opérer dans une loi qui intéresse les neuf dixièmes de la population de la France.

CHAPITRE VIII.

Sur la monarchie constitutionnelle.

Montesquieu a dit : « Le gouvernement républicain est celui où le peuple en corps, ou *seulement une partie du peuple*, a la souveraine puissance. »

« Le gouvernement monarchique est celui, au contraire, où *un seul* gouverne, mais par des lois fixes et établies. »

Voilà donc les deux formes de gouvernement nettement posées ! De ces deux définitions il résulte clairement, sans qu'on puisse le contester, que la monarchie constitutionnelle participe également de la république pure et du gouvernement d'un seul.

Les lois fondamentales de la république sont celles qui accordent à tous, ou *seulement à une partie du peuple*, le droit de suffrage. Lorsque la constitution est établie sur des bases sagement combinées, le nombre des citoyens appelés à former les assemblées électorales est limité, non pas à un nombre invariable comme à Lacédémone où les électeurs étaient fixés à dix mille, mais d'après une base proportionnelle déterminée par les revenus territoriaux de ces électeurs, leurs capacités morales ou la quotité d'impôts auxquels ils sont assujétis.

Point de priviléges dans un tel état, la loi est égale pour tous, tous sont égaux devant la loi, tous les citoyens sont admissibles aux emplois, de quelque nature qu'ils soient.

Dans la monarchie, l'hérédité du trône est consacrée, le prince *gouverne seul*, il est la source de *tout pouvoir civil et politique*. Les lois sont faites par le monarque ; c'est tout au plus si on trouve quelque tempérament, tel que le contrôle des lois par un corps inamovible qui n'a qu'un droit, celui de refuser l'enregistrement de celles qui lui paraissent tout-à-fait contraires aux intérêts de la nation. Elles sont exécutées jusqu'à ce qu'il plaise à celui qui les a faites de les révoquer ou de les modifier. Le peuple reste en dehors de toute participation au gouvernement; son rôle est d'obéir.

Il se peut encore que la nation soit divisée en grandes catégories, une noblesse, un clergé et le peuple. Les deux premiers de ces corps de l'Etat jouissent de très grands priviléges, dont le résultat est d'aggraver la position du peuple. Par cette raison, il paie des impôts plus considébles; il est, de plus, exclus de tous les emplois.

Maintenant que nous avons établi les grandes distinctions qui caractérisent ces deux formes de gouvernement, voyons quels sont les points de contact les plus remarquables entre eux et la monarchie constitutionnelle.

Le gouvernement actuel participe de la monarchie pure en ce sens que le prince *règne*, qu'il n'encourt aucune responsabilité pour les actes qui émanent de lui, et que sa personne est inviolable. Il participe de la république par le droit de suffrage accordé aux citoyens payant une certaine quotité d'impôts, par la coopération aux lois civiles et politiques de leurs représentans, qui peuvent forcer le monarque à changer ses conseillers en refusant de voter les lois proposées au nom de la couronne. Il tient encore de la république par l'absence de toute classe privilégiée, par l'égalité des citoyens devant la loi, la répartition égale des charges et des impôts, et par l'admissibilité de tous à tous les emplois.

Dans la monarchie, le *prince* gouverne *seul*; dans la république, c'est le *peuple* qui a la *souveraineté :* voilà les points extrêmes. Dans la monarchie constitutionnelle, le peuple et le prince ont chacun une portion du pouvoir: voilà le point intermédiaire; la monarchie n'y est-elle pas entourée d'institutions républicaines? ce juste milieu n'est-il pas la meilleure des républiques?

Nous concevons fort bien que les légitimistes et les républicains rejeteront fort loin nos principes. La monarchie constitutionnelle n'est pas de leur goût. Un pareil gouvernement ne peut les satisfaire. Qu'ils ne s'imaginent pas que nous travaillons pour les convertir à nous, ce serait perdre un temps précieux. Nous savons parfaitement que l'on peut faire revenir d'une erreur l'homme qui est de bonne foi, mais qu'il faut renoncer à prêcher celui dont l'opinion n'est que le résultat de l'intérêt et de l'égoïsme.

Qu'est-ce qui fait que la république a des partisans? c'est la facilité avec laquelle, dans ce gouvernement, l'homme doué de quelque talent, sans présenter la moindre garantie, peut parvenir au pouvoir; il suffit qu'il sache flatter à propos les masses qui disposent à leur gré de tous les emplois susceptibles de mettre les ambitions en mouvement. Aussi n'est-il pas de forme de gouvernement qui occasionne dans l'État plus de troubles et de guerres civiles. Il suffit de lire l'histoire de toutes les républiques pour demeurer convaincu de cette triste vérité.

La faveur populaire est aussi un objet de convoitise pour beaucoup d'hommes dans notre gouvernement; mais cela présente de moins graves inconvéniens. Pour obtenir les fonctions données à l'éligibilité, certaines conditions de fortune ou de position sont exigées. Cette mesure est sage, elle est une garantie d'ordre et de stabilité pour la société, car il est certain que celui qui possède a intérêt à éviter toute espèce de perturbation, tout ce qui pourrait compromettre la sûreté de l'État : un bouleversement peut lui faire perdre la fortune dont il tient une partie de ses droits politiques, et à laquelle son existence est attachée.

Le gouvernement constitutionnel offre, selon nous, de puissans mobiles d'émulation; il doit nécessairement porter vers le travail qui donne la fortune, et vers celui qui donne des talens à tout homme doué d'une généreuse ambition, dont le but est de faire le bien de son pays et d'acquérir une belle réputation.

Dans la monarchie *pure*, le talent et la fortune sont comptés pour fort peu de choses. La noblesse et le clergé se partagent à profusion les faveurs du prince dont ils approchent, et l'or du peuple qu'ils méprisent. La flatterie et la servilité y sont les moyens les plus efficaces de parvenir. Le chef de l'État, fût-il doué des meilleures qualités, animé des meilleures intentions, ne peut faire le bien qu'il voudrait; des obstacles insurmontables s'y opposent, la vérité n'arrive jamais à lui; il ne peut voir que par les yeux d'hommes intéressés à le tromper. C'est, sans contredit, la forme de gouvernement le plus contraire aux intérêts du peuple qui n'a que des charges à supporter, sans aucune compensation.

Il nous semble, d'après ce que nous venons de dire, que tout le monde sera d'accord avec nous de la supériorité du gouvernement constitutionnel. A côté de la stabilité de la monarchie, il consacre, comme la république, la liberté, les droits de tous aux emplois de toute nature et à la répartition égale des charges.

CHAPITRE IX.

De l'influence des émeutes sur l'opinion publique.

Quiconque raisonne un peu doit sentir combien les émeutes ont eu jusqu'à ce jour d'influence sur l'opinion publique, la force que chaque victoire remportée sur la rébellion a pu donner au gouvernement, et le retard qu'elles peuvent apporter aux progrès d'une sage liberté et au développement de nos institutions.

Les hommes qui, jusqu'à ce jour, ont tenté par la révolte de renverser le gouvernement ne craignent rien; ils n'ont rien à perdre dans un bouleversement; au contraire, ce n'est que par la guerre civile qu'ils peuvent concevoir quelques chances de fortune. En effet, quels sont-ils ces hommes? de hardis anarchistes, aidés de l'or de la légitimité, secondés par ce que les villes ont de plus bas, de plus abject, par un ramas de forçats, d'hommes perdus de mœurs, la lie de la société, qui ne peuvent se remuer sans la troubler, dont l'espoir est le pillage, résultat certain du désordre.

On ne peut nier qu'à chaque soulèvement ces hommes, s'il est permis de leur donner ce nom, se sont montrés avec une audace toujours croissante jusqu'au jour où, levant le masque et se montrant à nu parce qu'ils se croyaient sûrs du succès, ils ont promené dans les rues de Paris le drapeau de sang, emblème du gouvernement qu'ils voulaient fonder, et dont ils posaient les bases sur les cadavres de leurs frères.

D'où leur venait tant d'audace? de l'appui qu'ils pensaient trouver parmi les hommes dont les idées, quelquefois empreintes de violence, demandaient au pouvoir une liberté dont ils ne raisonnaient pas les dangers entre les mains d'imprudens qui ne peuvent toucher à une pareille arme sans se blesser ou donner la mort à ceux qui les approchent.

Combien de Français, qui ont vu avec joie tomber du trône la famille des Bourbons et y arriver la branche d'Orléans, offrant au pays des garanties d'ordre, de stabilité, et animée des intentions les plus droites, se sont trouvés en dissidence avec le système adopté pour nous gouverner! Ils ont réclamé avec force contre tout ce qui leur paraissait un abus et ont donné au pouvoir des avis sévères; les bases du gouvernement leur semblaient excellentes, mais l'exécution du plan ne les satisfaisait pas. Ces hommes consciencieux étaient prêts à imprimer plus de force à leurs réclamations; ils étaient sur le point de demander au prince un changement dans ses conseils, une nouvelle marche dans sa politique; mais une émeute arrivait, compacte, hostile au plus haut degré; oubliant les objets de leurs vœux, de leurs griefs, ils couraient défendre nos institutions menacées, remettant à un temps plus opportun leurs observations, leurs demandes. Ils regardaient comme un devoir sacré pour tout bon citoyen de soutenir le pouvoir, même avec ses défectuosités, plutôt que de récriminer en présence de la rébellion et de donner aux séditieux quelques prétextes d'encouragement.

Le mois de juin est apparu avec son drame sanglant, sa guerre civile organisée, ses plans de destruction bien arrêtés. Alors les amis sincères de leur pays ont fait taire leurs ressentimens; i's ont appuyé le pouvoir, ils se sont dit avec sagesse : Donnons avant tout au gouvernement de la force pour arrêter le mal dans ses progrès; que sa main puisse être ferme pour nous assurer la tranquillité dont nous avons le plus grand besoin, et sans laquelle la

France ne peut espérer de bien-être. Lorsque la révolte sera dans l'impossibilité de lever la tête, nous compterons avec le pouvoir; alors il n'y aura danger ni pour lui ni pour nous, et nous assurerons la liberté dont les émeutes auraient bientôt compromis l'existence, si nous avions affaire à un chef dont les dispositions seraient moins loyales, et qui pourrait, s'il était ambitieux, songer à un 18 brumaire.

Hommes de bonne foi, voilà le langage que vous devez tenir, la règle que vous avez à suivre; nous vous en adjurons dans l'intérêt de la France, de nos institutions; cessez de créer chaque jour au pouvoir des embarras nouveaux : vous donnez aux ennemis de notre repos un appui qui leur inspire une confiance qu'ils auraient bientôt perdue s'ils se voyaient réduits à leur véritable nombre. Soyez bien convaincus que l'émeute est la plus grande plaie de la liberté.

CHAPITRE X.

Si j'étais roi!

Qui de nous n'a entendu répéter cent fois dans sa vie ces mots : *Si j'étais roi!*...... suivis d'une réticence qui semblait signifier : je ferais mieux que tous ceux qui ont jamais été appelés à gouverner un royaume.

Eh bien! je vous demanderai : Si vous étiez roi, que feriez-vous ?

Ce que je ferais!...... vous croyez m'embarrasser, vous vous trompez; tenez, voilà quelle serait ma conduite :

Je commencerais par faire de ma vie une étude particulière des moyens de rendre aussi heureux que possible le peuple que je serais appelé à gouverner.

C'est la tâche de tout souverain ; il doit le faire autant dans son intérêt personnel que dans celui de la nation. Mais encore, quels moyens prendriez-vous pour lui procurer ce bonheur ?

J'étudierais ses mœurs, ses goûts, ses habitudes, et je le gouvernerais d'après cette connaissance.

Cette conduite est sage ; mais la masse de la nation sur laquelle vous régneriez n'aurait pas les mêmes intérêts. Un grand peuple est composé de diverses classes : il y a des riches, des pauvres, des nobles, un clergé ; il y a des gens qui ont de la fortune sans talens, d'autres qui ont des talens sans fortune ; il y a des ambitieux, il y a des hypocrites, des flatteurs, des républicains, des anarchistes, des absolutistes....

Chacune de ces catégories a ses mœurs, ses habitudes, son esprit de domination plus ou moins prononcé, ses rêves, ses chimères, ses intérêts à défendre, ses projets ambitieux à réaliser ; que feriez-vous au milieu de ce conflit ?

Je ne reconnaîtrais dans mes... j'allais dire *mes sujets*, mais je craindrais d'offenser certaines susceptibilités ; je ne reconnaîtrais, dis-je, dans les hommes que je serais appelé à gouverner que des citoyens égaux devant la loi et devant moi, comme les créatures le sont devant Dieu. Je partirais du principe de cette égalité pour appeler dans mes conseils, dans les hautes fonctions de l'administration, tous ceux que leur mérite en aurait rendus capables.

Je voudrais qu'ils fussent tous doués de qualités supérieures, laborieux, intègres, désintéressés, animés de l'amour du bien public, sans passions....

Ces conditions vous paraissent peut-être difficiles à

remplir. Eh bien! je prendrais pour ministres des hommes dont les qualités auraient le plus de rapport avec celles de mon conseiller *idéal*. Je les consulterais sur les besoins de la nation; nous préparerions ensemble des lois qui seraient appropriées au degré de civilisation du peuple. Vous devez bien penser que je n'entreprendrais pas de gouverner des Espagnols ou des Portugais comme je gouvernerais des Français, ni des Français comme je le ferais des citoyens de Washington. Un enfant se noie dans le gué qu'un homme traverse sans danger. Je me pénétrerais fortement de cette idée, que les institutions ne sont durables qu'autant qu'elles satisfont le plus grand nombre.

Une chose à laquelle je m'attacherais surtout, c'est à éclairer le peuple, à le faire jouir de l'éducation la plus appropriée à ses besoins. L'homme qui a reçu dans sa jeunesse une bonne éducation, les principes d'une morale éclairée, et auquel on a inspiré de bonne heure l'amour de l'ordre et du travail, le respect des lois, peut s'égarer quelque temps, jamais il ne deviendra méchant.

Je favoriserais l'agriculture, cette industrie de première nécessité, qui procure l'aisance à celui qui s'y livre, et fait la plus grande richesse du pays. Le commerce, dont les intérêts sont liés à ceux de l'agriculture, jouirait d'une faveur spéciale. J'encouragerais les sciences, je récompenserais les découvertes utiles. Les arts auraient droit à ma protection, j'y consacrerais une partie de l'argent dont la nation m'aurait donné la libre disposition. Je soulagerais autant d'infortunes que ma bourse me le permettrait; enfin je ferais le plus de bien et le moins de mal possible.

Très bien! ces idées sont philantropiques, elles vous feraient aimer des hommes sensés qui sont en majorité, il est vrai, et qui rendraient justice à vos intentions, mais sans éclat, et sans faire retentir les journaux des éloges que vous mériteriez; on a tant de disposition à taxer de flatterie les louanges données à un souverain!

En revanche, chaque jour, des feuilles publiques, rédigées par des ambitieux mécontens, par des utopistes désappointés, vous abreuveraient de dégoûts, envenimeraient vos meilleures actions, vous calomnieraient de mille manières. Quand vous seriez indulgent, on vous dirait faible; si vous vous montriez sévère, on vous trouverait despote. Seriez-vous économe, on vous taxerait d'avarice; généreux, vous seriez prodigue. Chacune de vos qualités deviendrait un défaut ou un vice sous la plume des écrivains ennemis du bien public, que l'ordre tourmente, que le bonheur du pays exaspère.

Poursuivons: à mon arrivée au trône je ne trouverais pas une nation toute neuve, qui n'aurait jamais eu ni constitution, ni codes, ni lois; je n'aurais donc que des réformes à faire et non à créer entièrement.

Je ne me montrerais pas ennemi des innovations; au contraire, je chercherais à en introduire partout où cela me paraîtrait nécessaire; mais je serais très scrupuleux dans cette matière, et j'entrerais dans une pareille voie à pas lents, avec précaution; j'imiterais l'aveugle qui sonde le terrain avant de poser son pied, dans la crainte de rencontrer un précipice. Je ne resterais pas stationnaire, parce que le temps apporte aux hommes, chaque jour, des connaissances nouvelles, et qu'il serait aussi dangereux de refuser de marcher avec son siècle que de se précipiter dans les utopies. Le charriot pesant atteint le but à pas lents sans danger, tandis que le phaéton rapide se brise souvent en éclats avant d'y arriver.

Ma politique extérieure serait très simple ; je ferais craindre et respecter la nation que je gouvernerais, je ne gaspillerais ni l'or ni le sang du peuple pour établir chez les autres nations une forme de gouvernement qui pourrait ne pas être de leur goût, ou qui serait contraire à leurs mœurs. Je voudrais être libre et ne recevoir la loi de personne ; je ne provoquerais pas, mais je ne souffrirais pas d'insultes ; en un mot, je serais...

Vous seriez *juste milieu !*

Soit : si c'est à cette condition, je n'y vois pas grand mal.

FIN.

www.ingramcontent.com/pod-product-compliance
Lightning Source LLC
Chambersburg PA
CBHW061310050726
47594CB00004B/1642